시詩시視각各각覺

시산맥 서정시선 078

시(詩)시(視)각(各)각(覺)
시산맥 서정시선 078

초판 1쇄 발행 | 2021년 6월 1일

지 은 이 | 박시학
펴 낸 이 | 문정영
펴 낸 곳 | 시산맥사
편집주간 | 김필영
편집위원 | 강수 오현정 정선
등록번호 | 제300-2013-12호
등록일자 | 2009년 4월 15일
주   소 | 03131 서울특별시 종로구 율곡로 6길 36,
          월드오피스텔 1102호
전   화 | 02-764-8722, 010-8894-8722
전자우편 | poemmtss@hanmail.net
시산맥카페 | http://cafe.daum.net/poemmtss

ISBN 979-11-6243-197-9 03810

값 9,000원

* 이 책은 전부 또는 일부 내용을 재사용하려면 반드시 저작권자와 시산맥사의 동의를 받아야 합니다.
* 이 도서의 국립중앙도서관 출판도서목록은 서지정보유통지원시스템 홈페이지(http://seoji.nl.go.kr)와 국가자료종합목록 구축시스템(http://kolis-net.nl.go.kr)에서 이용하실 수 있습니다.
* 이 시집은 교보문고와 연계하여 전자책으로도 발간됩니다.

시詩시視각各각覺

박시학 시집

* 본문 페이지에서 한 연이 첫 번째 행에서 시작될 때에는 〈 표기를 합니다.

■ 시인의 말

본 대로

느낀 대로

그냥 그대로...!

2021년 5월, 박시학

■ 차 례

1부 시(詩)

내 탓 – 19
토 – 20
시 – 22
시인의 꿈 – 23
차라리 시를 죽이자 – 24
부를 때마다 시 오면 – 26
네네츠 별 – 27
갑질 – 28
아웃 – 30
시 욕심 – 31
비싼 마음 – 32
스스로 죽인다 – 34
천국 한 번 가실래요 – 35
개밥그릇에 뜬 꿈 – 38
시한폭탄 – 40
너의 침묵에 – 42

2부 시(視)

엄니 – 47
청바지 – 48
지심도 아리랑 – 50
무심천 – 51
그래도 산은 – 52
춘백 – 53
바람아 – 54
들풀 – 55
설중매 – 56
여서도 – 57
달맞이꽃 – 58
천상의 맛 – 59
고향 – 60
천년의 미소 – 61
울기등대 – 62
공해 – 63
어떡하라고 – 64
집 담보대출 걱정 없이 산다 – 65
아픈 계절에 – 66

3부 각(各)

겨울이 봄에게 — 69
DNA 증명사진 — 70
그땐 그래도 — 71
미스터 스마일 — 72
안드로메다를 보았다 — 73
부산 지하철 — 74
부침개 — 76
홍씨감씨 — 77
오매우짜까 — 78
이세상 위대한 손 — 79
녀석 — 80
단 한번 그 외출 — 82
비닐봉지의 끝없는 여정 — 84
감꽃 떨어질 때 — 85
친구 — 86
등급인생 — 88
청개구리 — 89
모기 안전을 위한 서^{序} — 90

1부

시(詩)

내 탓

누구냐 해
시 쓴다니까
흥- 흉내나 내겠지

뭐하냐 해
시 쓴다니까
풋- 시시하게 그런 걸

나오라 해
시 쓴다니까
쿡- 쓰잘머리 없는 짓을

퇴직 후
시 쓴다니까
헐- 돈 되냐

짧은 웃음에 담긴
긴- 여운
뭘 잘못한 걸까?

토吐

번화가 사거리 횡단보도
아내는 편도암 말기
구걸함 들고 선 남자

오가다 마주치면
고해성사 보속 받은
자선 횟수 채우려고
일부러 바꿔둔
천 원 신권 빳빳이
천천히 펼쳐 넣었다

엊그제
수입 담배
몽롱하게 들여 마신 연기
코앞에 뿜는 그가 미워
호주머니로 들어간 손에
브레이크 당겼다

돌아와 생각하니

여태 자선은 위선
지갑서 돈 꺼낼 때
과신 늪에 빠졌던
구겨진 오장육부 역겨워
토 나온다

詩

어느 시인이
꿈에도 시 쓴다 해
꿈속으로 찾아갔지만
시상 하나 못 잡고 날이 밝았다
꿈은 언제 시를 보여 주려나

또 어떤 시인은
울며불며 쓴다 해
며칠 울어도 시는 오지 않았다
울음이 하늘에 닿아
천둥치는 날
한 구절 번개처럼 오려나

또 다른 시인은
가슴에 남을 시 한편 써야 한다 해
가슴을 쥐어짜며 종일 앓아도
텅 빈 가슴만 남는다

언젠가 시 알 하나 얻으면
마음속 명시 한 편 부화 되려나

시인의 꿈

명작 시 한 편 남기고픈,
향토 문학제에 자작시 맘껏 뿌리는,
시 쓰기 쓸모없다고 금하지 않는 시대 살고픈,
신춘문예 철엔 참을 수 없이 울렁이며 시 만나는,
시 더럽히지 않고 원하는 만큼 쓰는,
혼자 버려진 듯한 시인 본분 버리지 않는,
마지막 구원 시로 완성된,
내일 또 시 바람 불었으면,

차라리 시를 죽이자

어느 시
'아내의 젖을 보다' 읽으며
상처로 아리는 문장
눈시울 봉숭아 물들면
밑줄 그었다

시에 젖었는데
벌레 한 마리 방바닥을 조폭처럼 휩쓴다
맨발로 가차 없이 밟았지만
어설퍼
벌레 벌러덩
법 대로 하자며 팔다리 버둥거렸다
법 모르니
시 박차고 나와
뒤꿈치로 카~악

창문 열고 풍장風葬 치르는데
문득,
밑줄 긋고 눈시울 젖은 마음 어디 보내고

발뒤꿈치 힘줄 세운 미운 심성 데려왔나
차라리
시를 잠깐 죽일 걸

부를 때마다 시 오면

시 창작교실에
동시만 데려오는 습작생

봄빛 새싹 모아
죽순 하늘 키 재기
심 쿵 심 쿵…
동심을 풀어 놓으며
호수 같은 심성으로
마음 보석 한 움큼 쥐고
난 길게 쓰지 못한다며
겸손의 손사래

바다에 던진 맷돌 같은 맘
깃털같이 날아오르려고
동시집 열두 권을 펼쳐놓고
시를 부르는 데 오라는 시는 오지 않고
철 지난 바닷가 폐선처럼 녹슨 감성만

그래 부를 때마다 달려오면
그건 시 아니지

네네츠 별

　가이아^{gaea}가 잉태한 검은 시간 탈색된 미소가 미궁에서 빠져나와 솟구칠 때 이끼마저 말라버린 불모의 툰드라 설원 유목민 네네츠, 삶의 $α$요 $Ω$인 순록마저 외면한 생을 견딜 수 없어 백야가 되자 생의통* 앓고 극야까지 꼬박 반년 동안 하혈로 몸을 정화시킨 후 어둠을 이기지 못한 밤 춤^{chum} 축제를 밀어내고 숨 막힌 일상 강제치유 피정 든다

　세상 끝 해안에 다다라 박제된 절경 밀어내고 파괴된 시간 좇는 어리석음 후회하지만 용서받지 못해 찬란한 만찬 대신 미디엄 웰 비프 육즙을 마시곤 나아갈 곳 없는 삶을 저당 잡힌 암울함에 전율하다 하얀 잠 뒤틀린 몸부림으로 오로라를 거머쥐고 지구 밖에 정주한 순록을 찾아 불탄 파도 속으로 허기진 몸뚱일 내던져 끝내 북극별이 된다

*생의통(生의痛) : 남자도 달에 한 번 생리통을 느낀다는 조어(造語)

갑질

35도
찜통
아스팔트 엿가락 된 한낮
고층 아파트 장애인 주차 칸
불법주차 단속 경비원
철없는 어린아이 꾸짖는 어른처럼
햇살 아래 세워둔 아재

자치위원인데 나 몰라
다른 차 가리키며 왜 나만 그래
1시간 만에 나타나 잠깐도 안 돼
가슴에 부착한 명찰 툭툭 이름 뭐야
스티커 붙이면 되잖아
용돈 필요해

방아깨비처럼 고개 숙인 경비 어르신
출근 때 다림질로 세운
자존심 근무복
무젖어

안 보이냐
정신 장애인
갑질아

아웃

공장작업도로
움푹한 달 표면 같아
자갈로 보톡스 시술하듯 북돋우고
시멘트로 신부 화장하듯 마무리했다

출근하니
동네 개
밤새 판 벌린 흔적

다시 보수공사
팻말엔
'개 출입 금지'

다음날
높으신 한 분
결근했다

시 욕심

시작 때
많이 쓰면
한 편 빛 볼 욕심
마음 가득 채워
소화불량

시작하니
일생 일작
화끈한 얼굴 감추려
전부 비운다,
마음

비싼 마음

소나기에
배낭
젖을까 걱정
DC 마트 들러
방수커버 고르며
판매원에게
더 싼 것 없나요
푸-읍 하며 입 막고
어쩔 줄 모른다
웃음보 터진 이유 물으니
직원 전용문 밀치며 도망친다
싼 것 찾는 고객 비웃는 듯
속상해
비싼 맘 간직한 채
돌아오는데
지나가는 아저씨
배꼽 아래 손가락질
남대문 열렸네요

〈
싼 맘 먹고
갑질할 뻔

스스로 죽인다

아파
억울해
배고파
화나

바위
고층 창문
다리난간

고통
두려움
가난 때문에
포기한 삶 떠 올리며
뛰어내린다

세상
모두
귀 막고
눈 감을 때

천국 한번 가실래요?

1000-9 직행버스

묻지도 따지지도 않고 얼른 오른다

잔액 모자랍니다 멘트에 뒷걸음인데 이미 출입문 닫고 성급한 차는 출발이다 진퇴양난인데 버스 기사 제 허락 없이 함부로 못 내린다며 빈 좌석 찾아준다

불금 홀가분한 기분이 모두 천국행을 택한 듯 딱 한 자리만이다 다른 승객이 차지할 염려 없는데 서둘러 자리에 앉으며 곁눈질로 옆자리 탐색

여자,

40대 초반,

노란 고무줄 밴드로 긴 머리카락을 아무렇게 묶은 포니테일

드러난 목선 곧고 상아 피부 눈부시다

훔쳐본 걸 들키지 않으려 허겁지겁 안전벨트 찾으니 그녀 히프가 선점 포기하려…

낌새챈 듯 히프 살짝 들고 반지 없는 손가락으로 벨트 건네는 매너 만점 어디 사는, 무엇 하는, 어디 가는, 누굴까

물어볼까 말까

나쁜 사람 아니라면 믿어줄까
말 걸면 불쾌하다 중간에 내리는 건 아닐까
외면해도 따라내려 차 한 잔 하잘까
무슨 차로 할까
평소처럼 그냥 아메리카노로 밀까
그녀가 선택하면 매너 좋게, 같은 거
먼저 열어 보여 주는 게 예의이니 사실대로 전부 깔까
아니, 약 조금 치는 게 좋을까
나이 일곱 살만 뺄까
빼도 통할까
자릴 잡자마자 기선 제압해야 할까
시에 대한 얘길 끄집어내어도 될까
시시콜콜하다고 외면당할까
시답잖은 짓 한다 할까
시가 뭐냐면 잘 모른다 할까
시는 밥도 돈도 안 된다면 측은할까
시가 부작용 없는 치유제라면 공감할까
시를 쓰면 행복해진다는 걸 알까
시를 아끼는 사람이 인간도 아낀다면 믿을까

시를 쓰고 시를 모아 묶어 남기고 싶다면 맞장구칠까
시에는 나도 너요 너도 나요 하면 좋아요 할까
시인은 사랑에 욕심이 많은 사람이라면 이해한다 말할까
시인은 순수하고 마음 좋고 지혜로운 사람이라고 전할까
시시각각에 놀러 오라면 승낙할까

종점이다
환승 할인에 카드 또 내민다
다음에 타시기 전 교통카드를 충전해주세요에 화들짝하며 따라 내린다 밴드 풀어 흩날리는 긴 머릿결 역광에 아름다운 뒷모습
길 한복판에서 내내 쳐다본다
넋이 돌아오기 전까지 여전히 천국이다
한 시간 내내 경로 이탈 없는 천국행 노선 틀림없다

꿈은 끝났고 현실로 간다

개밥그릇에 뜬 꿈

신춘문예 응모

발표 날 지나도
메시지 통엔 먹구름만
휴대폰은 빙산같이 침묵

니들이 개* 맛을 알아
나훈아처럼 노랠 하라고
난 남진인데
심사위원 눈을 비켜 간 미스 코리아도 있어…
가슴에 얹힌
말 찌꺼길 뱉고 나니
눈앞이 부옇게 흐리지만
'200번 떨어졌지만
실패는 대단한 힘이다'는
어느 시인의 말 수혈 받아
개밥그릇에 뜬 달을 쳐다보고
꿈을 죽일 순 없어
당선 소감 미리 쓴다

⟨
다시 각혈할지언정

*개: 필자를 스스로 비하해 지칭

시한폭탄

누구나
타이머 고장 난 시한폭탄 틈에
또 다른 시한폭탄처럼 산다

전쟁 테러 암살에 사용될 게 아니고
극적으로 긴박하고 가공할 액션 필요한 것도 아닌데
고장 난 셀프타이머
알람 뛰어넘고 진동 없이 부정한 시간에 전류를 자동 차단
화를 태우고 머리끝까지 RPM 끌어올려
몸에서 영혼으로 터트리고 부시면
돌아온 시간 당길 순 있어도 밀 순 없어
지루한 행동제어가 서툰 충동을 부르는 하위범주
반사회성 인격 장애인
죄의식에 따른 가책 자기중심적 비아냥거림
외부압력 충격으로 도화선 태우고
마지막 성질 건드려 마침내
폭발물처리반 강제 제거완 상관없이 대뇌 전위변동이 일어나

안전커버 열고 폭발이다
파편의 질량 영역 거리 속도에 아픔 안도가 교환되지만
혼자 둬도 폭발 가능지수가 내려가고
고장 난 타이머 저절로 멈추진 않는다

누구나
시한폭탄 틈바구니에 산다
(죽어가고 있다)

너의 침묵에

시 창작교실 가져간 시는 언제나 묵사발이다

  알라딘 책꽂이 새색시처럼 수줍게 돌아앉은 「문예사조의 이해」「신춘문예당선시집」 색 바랜 종이 검은 활자 문예사조의 이해를 펼친다고 묵사발에서 벗어날 순 없겠지만 문예사조 물결에 발목이라도 그저 한번 적셔보려는 수작 앞섰고 장맛비에 감성이 말을 걸면 얼른 받아 시 한 줄 적어보려는 요행을 보탠다 시집은 당선작보다 소감을 소감보다 심사평을 먼저 꺼내 숨죽이고 흥분을 절정으로 끌어올려 관음증 환자처럼 훔쳐본다 부러움은 반보다 적은 데 질투심이 반을 넘기에 오그라든 자아 감추려고 분노 빌려와 십자포화처럼 정신없이 쏟다 니미럴 지들 머린 진주 같은 시어로 가득한데 내 머린 똥만 가득 찬 변기통인가 자리 박차고 창문 박살 내듯 열어젖히곤 고개 기린처럼 내밀어 빗물에 영혼을 저당 잡히듯 한참 절레절레 도리질하다가 눈길이 꽂힌 곳, 기계만 있는 KT 무선중계소 한구석엔 아무개가 어제 주워다 버린 새끼 고양이가 비에 흠뻑 젖은 검은 털 곤두세운 채 노려본다 혼자 사는 원

룸 언제나 발가벗은 몸뚱이엔 좁쌀 같은 소름이 돋아 무서움을 떨치려 한마디 내뱉는다 제기랄 이 동네 궂은일엔 누구도 나서질 않아 유령도시도 아닌데 말야 나만 맨날 꽁초 줍고 개똥 치우고 오늘은 고양이까지 쓰—벌이라고 투덜거리며 싫다는 마음 방에 두고 덜 싫은 몸 억지로 넝마 한 장 걸치고 어설픈 앞에 삽 자세로 달린다

  조문객 없는 고양이 장례 서툰 삽질 두 번에 등뼈 금 간 삽자루야 깁스하면 되지만 이미 뭉개진 시상^{詩想}은 시 사발에 담기조차 버거운 묵^{默}이 되어 시샘에 죽음처럼 가라앉는다

2부

시(視)

엄니

여든일곱
엄니는
태풍이 와도
섬을 떠나지 않는다

애기들이 육지로 나오라 성화지만
더 늙어 밥술 못 떠먹을 때가 아니기에
영감을 데려간 바다를 천날 만날 바라보며 살지만
얻어먹을 걸 더 내어주지 않을 때까지
'태풍이야 왔다 갈 때 가것지 세상 이치가 다 그런 건데 뭐
여그가 고향인 게' 하면서
섬을 떠나지 않는다

여든일곱
엄니는
죽어서도
섬을 떠나지 않을 것 같다

청바지

삐리링 문자 메시지
자신이 죽었다며 자기가 부고를 보내왔다
'유정한 별세 00병원 장례식장 특실'

정하니 형
해안가 근무지 면회 갔을 때
군복 세탁물에 숨겨진
쌍마표 청바지 눈독 들였더니

'부두서 미나라이* 뒤통수치고 하나 낚았다
니한테 딱이네 이거 니 껀 갑다'
바닷물 뚝뚝 떨어지는 다시마 빛 청바지를
막사 빨래 줄에서 걷어 손에 쥐어주곤
뽀대 나게 입어라며
친동생처럼 어깰 껴안던
정 붙이 정하니 형

대장암 3기 판정 병문안 때
푸르데데한 청바지 차림 설핏 보더니

오래 입어라 그래놓곤
'술은 말이야 독할수록 꺾어 마셔야 돼'
참이슬 웃음으로 찰랑대는
19도 소주를 연거푸 마시던 정하니 형

아직
청바지에 몰고 온 쌍마
한 마리 값도 못 갚았는데,

*미나라이 : 일본어 견습 / 외항선에 종사하는 하급선원을 지칭

지심도 아리랑
– 직접 본 곰솔 나무가 그러는데

거제도 일운면
지세포서
뱃길로 10분
동백섬 지심도 가면

일제 강점기 때
일본군 포진지 공사에 강제징용 되어
해안절벽 아래로 떨어져 죽은
사무친 원혼들이
비가 부슬부슬 내리는 날
자정이 되면
바윗돌 나르던 바지게 등에 지고
피보다 붉은 동백꽃 가슴에 심고
군용기 활주로가 펼쳐진
뒷동산 잔등으로 오르는 아리랑 고갯길에서
'아리랑 아리랑 아라리요
아리랑 고개를 원통해서 못 넘어간다~'며
새벽안개처럼 떠돌고 있대요

무심천 無心川

백로
한 발로
꼿꼿
면천面川수행

졸지 않고
염불 없이
욕심 흘리고
화두話頭만

그래도 산은

황소고집 옆집 할배
밭두렁 태우다
조상 모신 뒷산
머리부터 발끝까지
3도 화상

산불
지나간
이듬해

봄비
문병 다녀가니

푸른 애엽艾葉이
쑥–
머릴 내밀고

흰 솜털 고비가
–?
고갤 든다

춘백春栢

봄은 안 오고
눈만 왔다

기다린 건 봄인데
다가온 건 눈이다

섭섭함
감추려
봄꽃보다 먼저 웃었다

바람아

노크에 창을 여니
겨우내 기다린 바람
굶주린 사자처럼 달려와
간신히 붙든 시심마저
놀란 영양같이 도망치게 한다

시 떠나 텅 빈 자리
마음 열어 바람 채울까
바람 들면 약도 없다는데
노루잠 뒤척이는 봄밤
이미 바람 들었나 봐

들풀

그냥
모르면
모른다 해요

이름
없는 풀이
어딨나요

잊힌
당신껜
그냥 모를 풀이지요

살다 지쳐
바람에 기대
쉴 뿐이에요

꿈이 있는 한
잡초라 불려
밟히고
뽑히긴
싫거든요

설중매雪中梅

봄 시샘하듯
입춘에
기습한파 따라
큰 눈이다

올 땐
빚쟁이처럼
요란스럽다가

갈 땐
도둑처럼
소리 없이 간다

홀로된 매화
고고한 자태로
수줍게 웃는다

여서도 麗瑞島*

남편 먼저 떠난 뒤
자식 육지 내보내고
전복 껍데기로 갯바위 긁어 돌김 뜨고
바다 공기 마시며 나쁜 거 안 묵응께
여든 이믄 한창 이지라이
웬종일 허리 굽히도 심든 줄 몰라
평생 그람시로 살아온 일상인 게
여서 나고 자라 여서 죽어야제
기독교 불교 그런 거 몰라두 된당께라우
우린 바다만 믿응께

여서도 가면
해풍에 절어 얼굴 거칠지만
맘은 봄바람처럼 따쓰하고
삶은 모진 겨울이긴 빠알간 동백꽃같이
생명력 강한 어르신만 산다

---

*麗瑞島 : 전남 완도군 청산도에서 25Km 떨어진 '천혜의 아름다운 섬'

달맞이꽃

생짜로 삼킨
분수 넘은 사랑
달빛에 찧어
나눠 마신 눈물

그 눈물에
떨군 선혈
가슴에 묻고
미소로 흘려준

천상의 맛

자연산 송이 풍덩 빠트려
한우 반 근 몽땅 던져
계란 탁
파 송송
황제라면 끓인다
자랑질 마라

지리산
천왕봉 찍고
장터목산장에서
약초 뿌리 씻은
계곡물에
암 것도 안 넣고
설익은 라면
먹어봤나

고향

여름엔
앞산
뒷산
바지랑대 걸쳐
빨래 널은

겨울엔
산토끼
고라니와
달리기한

이젠
눈 감아야
보이는

천년의 미소

중생衆生은
하루 열두 번
화나고
짜증스러워
얼굴 일그러뜨리는 데

상선암* 돌부처는
석가모니
꽃 본 마하가습처럼
염화미소
천년을 하루처럼 섰다

*상선암 : 경주 남산에 위치

울기등대[*]

어둠이
내리면
껌-뻑 껌-뻑
토끼잠
쫓으려고
밤새도록
눈이 맵다

안개가
오르면
어-엉 우-엉
울기도
실컷 울어
밤새도록
목이 쉰다

[*]울기등대(蔚氣燈臺) ; 울산시 동구 일산동 소재

공해 公害

석화공단*
가로수
굵다란 주사기
링거 맞고 섰다

매연 폐수
섞어 버린 양심에
편도선 부어
말도 못 하고
이파리 떨군
빼빼 마른 팔 늘어뜨린 채
장승처럼 섰다

산책 나온
까마귀 떼
답답한 가슴 치며
아악 까악 울고 섰다

*석화공단 : 석유화학 공업단지

어떡하라고

호수공원 산책로
바짓가랑이에 매달린
강아지

뱃가죽은 앙상한 나뭇가지 같고
하얀 털은 꺼뭇꺼뭇 한데
유리구슬 같은 눈망울엔
눈물 그렁그렁 담긴다

겨울 해는 뉘엿뉘엿 넘어가는데
데려갈 순 없고

집 담보대출 걱정 없이 산다

층간 소음
전기세 수도세 가스비
주차난 월세 관심 없다

여름엔 바람 안부 전하고
가을엔 놀러 온 낙엽 얘기 들어주며
전망 좋은 가지에
친환경 트리하우스 지어놓고
부동산 재테크 그런 거 몰라
사고팔지 않아
떠나고 싶을 땐 언제라도 갈 수 있게
욕심 없이 자유롭게 산다
새는

아픈 계절에

겨울은 어둠같이 후딱 닥쳐와 오래 눌러앉지만
봄은 늘 새벽안개처럼 몽롱하게 다가와 애태운다
무엇 때문인지 비밀의 문은 하늘만 열 수 있다

나무는 겨울이 길게 머문다고 스스로 죽이질 않지만
드러나지 않는 곳 어디선 저항 없이 순종하며
다음 계절에 맞는 생명의 분출을 준비하고 기다린다

바람이 억세면 날개를 접고 깃털을 고르는 새처럼
잠시 숨 고르기에 늦장이다 탓하지 말자
산들바람이 불어오는 날 가볍게 날아오르면 된다

비밀의 하늘은 나뭇가지에 늘 걸려 있으니까

3부

각(各)

겨울이 봄에게

춥다고 네가 다가오는 발걸음을 재촉하진 않아 그건 네 자유를 구속하는 거거든, 네가 오고 싶을 때 오렴 그게 자연의 법칙이지 나나 너나 조급할 필욘 없어, 천천히 충분히 쉬다 때가 되면 와

시간은 다가오는 네 편도 떠나가는 내 편도 아니야 모두 것이지, 시간을 사고파는 사람은 아니라고 부정하겠지만 우린 돈벌이에 급급하지 않으니깐 가지려면 버리고 채우려면 내려놓는다는 이치 순리로 받아들이지 않으려는 사람 보면 측은해 행복은 비교하는 게 아니지만

지금 그냥 이대로 인간과 함께하고 꿈으로 걸어 들어가고픈데 난 너무 차가운가 봐 그렇지만 눈 온 밤, 찬 등불, 잠든 나무, 칼바람, 하얀 세상은 나한테만 맛볼 수 있는 매력이지, 네 덕분에 추억을 회상할 수 있어 고마워

좋은 기억만 안고 갈게
남겨줄 게 없어 정말 미안해
안녕!

디엔에이^{DNA} 증명사진

부모님 신혼에
몇 날 벼르고 벼르다
큰맘 먹고 찍은 명함 크기 흑백사진
여동생 지갑서 잠자다 깬다

결혼식 때 입고 고이 모셔 논 한복 꺼내 입고
두 손 다소곳한 새색시 울 엄마
카메라 눈이 민망스러운지
왼손 등 뒤로 감추고
엄마 어깰 오른손으로 쑥스럽게 감싼
하얀 노타이 아버지는 그레고리 펙*처럼 멋있다

흥부 박 속 같은 형님
천마산 장군바위 콧대 옹고집 남동생
봄바람 미소 품은 막둥이
송골매 눈초리 나
쪽 찐 머리 계란 얼굴 누님
갈매기 날개 눈썹 미인 여동생
그 속에 여섯이다

*그레고리 펙 : 미국 영화배우

그땐 그래도

아버지 살아계실 적
육 남매 모여
골방 눌러앉아
엄마가 차려주던
추석 음식 먹고 마시며
고- 스톱만 외쳤다

무릎 사리 생길 때
소변 통 넘쳐
뒷간에 비우러 가다 보니
아버진 등 지게로 꼴 베러 가시고
엄만 정지*에서 수건 쓰고
군불 땐다

추석에도
그러시는 거
당연한 줄 안다
그땐,

*정지 : 부엌의 사투리

미스터 스마일

아래층 아저씨
언제부터
무엇 때문인지
한 걸음 또 한 걸음
겨우겨우 떼며
아파트 지하주차장서
세차하며 산다

그렇지만
화단에 담배꽁초 안 버린다
길바닥 가래침 안 뱉는다
휴대폰에 욕 안 한다
회식 자리 술주정 안 한다
몰카 촬영 절대 안 한다
마약 절대 절대로 안 한다

불편한 다리에
얼굴마저 구겨지면 안 된다며
무엇이 즐거운지
항상 스마일 마크처럼 웃는다

안드로메다를 보았다

첫 키스는
라벤더 향처럼 황홀하고
민트처럼 화-싸하며
단풍나무 시럽처럼 달고
로즈 립 밤처럼 촉촉해
몸이
알바트로스 깃털같이 가볍게
밤하늘 유성비 속으로
빨려든다

찰나
눈빛 속으로
안드로메다를
가장 가까이 당겨 본다

부산 지하철

아지매
어데 갔다 오는 기요
버밀똥 조카딸 결혼식에
며살 인 데요
서른다 살
쫌 느즌… 마― 댄네
신랑은 수물 아홉

큰 소리로 떠들어
싸움질 같던
한 사람이
간다 온다 말없이
자갈치역에 내린다
원래 알고 지낸 사이가 아닌 모양

또 다른 아주머니
옆에 앉자마자
아지매 어데 갔다 와 예
자갈치 예

머할라꼬 예
제사꺼리 살라꼬 예
머 사서 예
조구 대미 납쌔미 새비 예

부산 아주머닌 모두 일본말만 쓰는가봐
후쿠오카 하고 쫌 땡겨 앉아서 그렇겠지
마~!

부침개

아이스케키
사달라고
조르고
떼쓰다가
엄마가
콕-내민
고사리 같은 손찌검에
코피 났다

속상한 엄마
이웃서 얻어온
밀가루 한 보시기
식용유 반 종지로
부침개 부쳐 달래주셨다

희여 멀건 부침개 먹으면서
코피가 하루 한 번씩
났으면 좋겠다고 생각한
엄마 부침개
이제 세상 어디에서도
맛볼 수 없다

홍씨감씨

절영도서
지심도까지 떠밀려가
세월 낚던 홍씨
파도에 실려 온
감씨 덤으로 건졌다

애기 주먹보다 작은
따개비 된장국에
어른 손바닥만 한
갯방풍 나물 무쳐 민박 손님 받아
조청같이 살아보자 해놓고

개다리소반만 한 앞마당
동백 가지 끝 동박새 앉았다가
톡-떨어지는 꽃 소리에
놀란 가슴 부여안고 날아갈 때
꽃잎 같은 붉은 피 토하며
홍씨 먼저 가고
이듬해 동백꽃 피기 전에
감씨마저 바람 따라갔다

오매우짜까

아버지 가시고 3년
외딴섬 홀로 계신
엄니

'느그 아부지 저닉밥 해놓고 지다리다
밤이 조깐 깊었는데
안 들어 온다
우짜가이…'

하늘 무너졌다

이 세상 가장 위대한 손

여태껏
시인 되어
글하고 잘 놀고 있는 건
달빛 모아 합장하고
정화수 모셔온 달님에게
비손하다
못 올 길 오르신
울 엄니
바람 손
있었기에

녀석

　남도 어느 조선소서 처음 본 녀석, 이름표에 분명 수컷 웅雄이라 새겨놓고도 악수하는 손가락이 젓가락처럼 가늘고 하도 고와 여자 손을 잡은 게 아닌가 하는 착각을 느꼈다

　녀석은 북어같이 바짝 마른 몸 건드리면 툭 무너질 것 같은 걸음 박력은 달아나 버렸고 흰색 면 티셔츠는 누리끼리하게 절어 본래의 색깔을 잊었으며 꽁꽁 묶어야 맞는 안전화 끈은 오뉴월 엿가락처럼 늘어져 금세 흘러내릴 듯 위태롭게 너덜거리고 작업복마저 남들처럼 다림질로 각을 세우지 않고 지금 때 구겨진 주름 채 입고선 딱히 이유도 없이 웃음을 흘리는데 니코틴에 찌든 치아는 교열이 안 돼 쳐다볼 때마다 늘 거시기 했다

　녀석은 어둠이 내린 신촌 술집 뒷골목을 죄지은 사람처럼 고갤 푹 숙이고 먹이를 찾아 산기슭을 헤매는 하이에나*같이 어슬렁거리다가 출근 시간엔 시너 냄새를 진하게 풍긴 후 점심은 배식 종료 직전에 아슬아슬하게 골인, 언제나 혼밥을 즐기고 공시생처럼 텁수룩

한 머리카락은 손가락으로 긁어 올리고 굵고 검은 뿔테안경을 야구투수들이 습관처럼 코에 단단히 고정시키듯 끊임없이 만지작거리며 다가와 멋쩍게 시집 한 권을 꺼내 읽어보길 원했다 물론 제목은 잊었지만

 녀석에겐 궁금한 게 아주 많다 그렇지만 궁금증 때문에 안절부절하지 않는다 궁금증 하나를 풀면 다른 하나의 궁금증이 생길 텐데 뭣 때문에 그러겠는가 다만 녀석이 '별들을 보고 있으면 난 언제든지 웃음이 나네' 하던 어린왕자가 아닌지 어쩜 다른 행성에서 우리별 지구에 잠시 놀러 온 외계인이 아닌가 하는 의문의 끈은 놓지 않고 그저 안녕하길 빌면서 멀찌감치 두고 바라만 볼 뿐,

  *조용필 노래 '킬리만자로의 표범' 가사 중 / 작사 양인자

단 한번 그 외출

 가톨릭수도원 피정^{避靜} 갔던 아내가 그 앨 입양해 오던 날 차에서 조심스레 내리는 모습 처음 본 순간 흑진주 같은 매력에 숨이 막혔고, 언제나 검은 정장에 길고 흰 장갑 앵클부츠로 멋 부려 '까만 미녀' 줄여서 까미라 불렀다

 그 애가 한번 외출을 하면 육감적 몸매 대담한 노출 유혹적인 포즈와 엉덩이 흔드는 독특한 먼로 워킹에, 연모하는 이는 짝사랑의 몸살로 드러눕고 미모가 빠지는 애는, 주변을 졸졸 따라다니며 얼짱 그룹 물줄기에 함께 흘러가길 바랐다 알 만한 집안 사내자식은 대문 밖에 진 치며 데이트 차례 번호표를 받아 기다렸다 그럴수록 신경 쓰여 외출 금지령을 내렸고 감시의 눈을 늦추지 않으면서도, 어깨가 살짝 드러나는 붉은 드레스까지 준비해 상류사회 사교계 데뷔시킬 귀공녀처럼 키웠는데 불임 시술 예약까지 해둔 까미가 음력설 바쁜 틈을 타 무단외출했다 밤늦게 들어왔고, 배신감에 화가 치밀어 단단히 야단쳤고 다신 그러지 않겠다고 다짐받았다

〈

 요즘 다이어트를 하는지 식사량을 반으로 줄이며 나른한 증세를 보여 병원을 갈까 말까 망설이던 중 기분전환 겸 공원을 산책 나갔는데, 비실비실하며 뭔가 말을 할 듯 말 듯 눈칠 보더니 느닷없이 집으로 잽싸게 달려 가 버렸다 혼자 남겨진 허망함에 혼쭐내려고 투덜거리며 집에 들어선 순간, 거실은 이미 래브라도 리트리버 새끼 네 마리를 출산한 분만실이 되어 있었다 그때 난 황당한 목소리로 oh, my god!

 아, 그 요염한 단 한번의 외출…

비닐봉지의 끝없는 여정

 슈퍼에 웅크리다 과자와 함께 집에 데려온 비닐봉지, 재활용 쓰레기통에 던져 놓았더니 삶에 순응하고 죽음에 저항하고파 여정을 시작했다 자신 앞에 펼쳐지게 될 수많은 시련과 역경을 알지 못한 채 기쁨과 설렘으로 첫발을 내딛기 위해 배에 꿈 한 움큼 희망 한 줌 넣어 공중부양했다

 한라산 들머리 유채꽃밭에서 잠깐 향기에 취해 있는가 싶더니 결심한 듯 망설임 없이 돌하르방에 작별 인사를 건넨 후 가속 페달을 밟아 속력을 최고치로 올려 바다를 건너온 봉지는 금강산 일만이천 봉을 훌쩍 뛰어넘더니 백두산까지 쭉- 나아가다 공기가 빠진 탓인지 조금 힘이 겨울 때 마침 주변에 머물던 발효된 구름을 가득 채워 넣고 한결 가벼워진 몸으로 천지가 잘 있음을 확인하고 어둠이 내리자 별똥별의 고향을 찾아 하늘을 껴안고 더 높이 솟구쳤다

 배려 없는 세상이지만, 폭력에 찢기지만 않는다면 꿈과 희망이 있는 한 자유롭고 당당한 여행은 여정의 끝이 어딘진 몰라도 언제까지나 영원히 계속되지 않을까 싶다

감꽃 떨어질 때

감꽃 떨어져
개울 건너 감나무 집
새벽같이 달려가
허겁지겁
소쿠리에 주워 담는데
새벽잠 없다 시며
우리 남매 기다리던
감나무 집 할매
치마폭에 가득 모은
감꽃 쏟아 준다

감꽃 떨어져
소쿠리 수북 담아
하얀 실에 조롱조롱 꿰여
환한 목걸이 걸어드리려고
다 큰 우리 남매
새벽 지나 개울 건넜는데
할매 떠난 감나무 집
늙고 마른 가지 끝엔
색 바랜 치마만

친구

까가 머리
자원한 해병대
나라 위해
파월^{派越} 간 그

베트남 정글 뒹군 땀
에이젠트 오렌지* 샤워하고
개선장군처럼 돌아온 부산항
마중 나온 갈매기 울음소리에
미치광이버섯 먹은 사람처럼
웃어버린 그

전우 대신 얻은 목숨 버릴 수 없어
뇌 심부자극 치료기 몸에 심고
반인반기^{半人半機}로 변신한 그

삼 년 넘기 힘들다던
의사 소견 넘겼지만
꿀맛 같던 소주 못 넘기고

아삭 김치 못 씹는 그

공기 빠진 목소리에 달려가니
강철 무적해병 어디 가고
고물상에 버려진 양은 냄비 마냥
찌그러진 몸뚱이만 덩그마니

*에이젠트 오렌지 : 1962~71 미군이 사용한 고엽제 암호명 'Agent Orange'에 의해 살포되어 부작용과 후유증 발생

등급인생

재능 없고
아부 부족해
명퇴 당하지 않으려고
처자식 뒷전 팽개치며
몸무게만큼 땀 흘려 사십 년
모질게 버텨 겨우 정년퇴직

울타리 안 뱅뱅 돌다
바깥 나온 새끼 양
위험은 늑대처럼 다가오는데

하루 열두 번 뉘우치고
스스로 꾸짖고 나무라며
그래도 살아야 하는 낮은 노후 등급

청개구리

철없이 투정하면
엄만 대청마루서
청개구리 동화 들려주는데
지어낸 말로 뻥 친다고
잡은 손 거머리처럼 떨치고
개구리처럼 풀쩍풀쩍 날뛰었다

엄마 나이 되어보니
투정 받아준 엄마 동화가
지어낸 게 아닌 걸 알았을 때
무논 청개구리와
주고받고, 주고받고
밤새도록 목이 쉬도록
청개구리처럼 우엉우엉 운다

모기 안전을 위한 서(徐)

　어둠 속 계기 비행하듯 긴 다리로 가볍게 착륙해 A형 팔에 빨대를 꽂고 붉은 입술로 드라큘라처럼 흡혈을 즐긴 저 녀석이 조금 전 건넛집 베란다에서 몽롱한 표정으로 담배 필터를 씹던 B형 남자의 다리 피를 먼저 빨고 왔다면 호모 취향의 이 야릇한 녀석 혈액형은 산술적으론 AB형이 맞다 그런데 만약 아랫집에서 샤워하는 O형 여자의 젖가슴 피를 먼저 얻어먹고 왔다면 여자를 좋아하는 난 용서할 수 있지만 O형 피엔 A형 피가 용혈되지 않는다는 자연생태법칙에 주입된 혈액 내 적혈구가 수혈받은 혈액 항체에 의해 파괴되는 불상사로 피골이 상접해지고 여름 다 가기 전 생명이 끝장나지 않을까 걱정이다

　어두운 과거를 간직한 A형 인간이 아닌 파리로 내가 태어났다면 만날 수 없었던 인연에 감사할 것까진 없지만 단지 살기 위해 원초적 생존본능으로 피를 빤 행동임을 감안해 일정한 주거가 있고 증거를 인멸할 염려가 없음으로 먼저 녀석의 안전부터 살핀 후 파리채로 쳐 죽이는 압살 형보다 집행유예로 날려 보내주는 게 옳다

4부

각(覺)

I = ?

510107

175

68

265

55047647

12250391

201131−150575

20−92−062450−71

85829256

16201090435

16204090148

353361

100002

2014−0020

...

?

끝순이[*]

  석관 같은 어둠이 집창촌을 더듬자 마녀의 손 갈퀴처럼 검은 그림자가 그녀를 옭아맨다 절망을 삼킨 한심한 얼굴 바람이 씻고 걸레처럼 엉킨 머리카락 햇살이 빗는다 헛기침이 적막한 안개를 토해낸 새벽 허리에 우연의 탈을 쓴 필연이 불 꺼진 뒷골목을 맨발로 떠돌다 미수 방 번호를 찾아 지친 욕망의 찌꺼길 뱉어내고, 공짜라고 허겁지겁 삼킨 벌거벗은 오르가즘이 목에 걸리자 바가지 같은 배를 내밀고 코끼리 다리처럼 부은 허벅지를 질질 끌며 가랑이 사이에서 썩어 터져버린 양수를 난각막처럼 뒤집어쓴 채 투탕카멘이 황금마스크를 쓰고 미라 속으로 들 듯 천마산 자궁 깊숙 잠든다

  쉿,
이건 전부 비밀이야!

  [*]끝순이 ; 정신질환과 임신중독증으로 부산의 대표적 집창촌 주변을 배회하던 중 일찍 생을 마감한 저자의 미발표 소설 속 여인의 가명

내로남불

내 사랑은 해리 왕자의 러브스토리처럼
아름답고 황홀한 로맨스
네 사랑은 유부남과 여배우의 사랑처럼
추잡하고 깜깜한 불륜

내 시는 노벨 문학상 버금가는
안정된 호흡 신선한 발상 절제된 감정
남 시는 소통 불가 설명 긴 상투적 표현
폐기처분 글 쓰레기

내 글은 대통령 탄핵심판 선고 주문같이
탄탄한 구조 최고 명문장
남 글은 경쟁상대 정치인만 골라 막말한
상상력 고갈된 최악의 졸문

교만한 포식자의 둔감한 아픔같이
뒤틀려 꼬인 오장육부를 지닌
내 눈앞에 퍼진 뿌연 안개가 걷히지 않는 한
남 탓하며 고장 나 멈춰 선
난 하류 시인

공짜

세상에 공짜 없다
틀린 말이다

온몸 따뜻이 감싸주는 햇살
낮에 묻은 허물 말끔 씻어주는 달빛
그리워 달려왔다 멋쩍어 돌아선 바람
미움마저 품어 녹인 바다
피카소도 흉내 못 낸 구름 미술관
새벽 별 들꽃 시냇물 첫눈 산그늘
여우비 노을 아지랑이 무지개…
세상 다 공짜다

틀린 말도
서로 나누고
아껴 써야 부자다

일자리

원하건
안 하건
밀려난다

작업복 주름 세우고
안전화 반짝인
화려한 기억 박박 씻어 날리고
5분 대기조처럼
재취업 명령 떨어지면
즉각 출동 전투태세 갖춘다

하루 가고
계절 바뀌고
햇수 달라져
당겨 둔 근육 풀어지며
정신은 수시로 외출 갔다 왔다
작업복 주름 각 무뎌져 손 베일 염려 없고
안전화 뒤축마저 폐가처럼 끝내 폭삭

다시

값싸졌지만
구겨졌지만
나빠졌지만
낡아졌지만
느려졌지만
넘어졌지만
달라졌지만
무너졌지만
미워졌지만
싫어졌지만
싸워졌지만
작아졌지만
줄어졌지만
쪼개졌지만
추해졌지만
틀어졌지만
헤어졌지만
 돈 떨어졌지만

〈
내 혼이 깨어 있는 한
설렘 가득 안고
남은 인생 따분하지 않기 위해
다시
시작한다

저만치 부처님이

통도사
이백 살
무풍한 솔길

세속 털어
흙내 맡고
맨발로
걸어가면

번뇌 던져
솔내 맡고
空手로
다가서면

적멸보궁
금강계단서
부처님이
연꽃 들고
먼저 와
기다릴지도

어쩌지

테레비 컴퓨타-삽니다
아직 쓸 만하다
지나간다

개-삽니다
다시 안 키운다
지나간다

고장 난
사람-삽니다
이미 고장이다
……
안 지나간다

초저녁 로맨스

성마르게
고개 내민 저녁달
깜박
화장 안 했다며
얼쩍어
구름커튼 치고 얼굴 감춘다

급작스레
허전해진 저녁별
깜짝
고백한다며
보드랍게
구름 커튼 너머 별빛 윙크 날린다

타는 목마름

에베레스트 완등 한
산악인보다
힘든

풀코스 완주한
마라토너보다
목마른

열섬에 갇힌 구舊도심
연립주택 5층
실신한 생수 택배 기사
입술 벌어진
슬리퍼

뭘 어쨌기에

엘리베이터에서
아이와 외출하던 젊은 엄마
나 쳐다보며
할아버지 안녕하세요 해야지

도서관에서
우는 아이 달래는 젊은 엄마
나 쳐다보며
할아버지 조-용 하시잖아

마트 장난감 진열대에서
떼쓰는 아이 겁주는 젊은 엄마
나 쳐다보며
할아버지 이-놈 하시잖아

나이보다 조금 빨리 벌초해
민머리지만
아무것도 하지 않고
가-만 섰는데…

사랑하기에 버리는

본색 숨긴 가면 얼굴
비밀 감춘 새빨간 거짓말
여우 같은 교활
독사처럼 꿈틀대는 교만
성질머리 더러운 괴팍
아파도 센 척
시도 때도 없는 헛꿈
약자만 골라 죽어라 두들기는 깔봄
익은 보리처럼 까칠한 뒤끝
일본 원숭이 같은 뻔뻔
남 잘되면 배 아픈 질투
눈곱만 한 상처에 눈덩이처럼 불어난 분노
늘 품는 음란
한강에 오줌 같은 쪼잔
말 무덤에 묻지 못한 핑계
머리 가득 돼지기름처럼 지글거리는 탐욕
쏟아버리지 못해 산 낙지 발가락처럼 매달리는 집착
… 그리고
저만치 멀리
못 이룬 첫사랑

무얼 짜 터트려

  빨강 파랑 노랑 물감 뒤섞인 검정은 녹아든 거지 죽음이 아니듯 먹고 싸고 자고 역시 일상에 파묻힌 행위며 삶이다 주둥이로 먹고 곱창으로 소화 시켜 항문으로 배설하는 돼지처럼 생각을 밀어 넣으면 자연스레 나와 줘야 하는 詩가 변비 환자 대장같이 막힌 것은 고장 난 시계처럼 정리 안 된 사고가 자기비판과 자아의식의 대립에서 서로 친밀함을 느끼지 못한 탓, 인생에 정답이 없듯 뭘 해야 파워볼에서 잭팟 터지듯 名詩 하나 터트려 볼까하고 시집 주변을 기웃거리는 것 또한 공염불 아닌지…

  시에 무슨 밥이 있고 답이 있다고
  그래도 세월의 수레바퀴는 돌아가는지
  원초적 욕망마저 버려야 하는지 아닌지
  무얼 쥐어짜야 하는지
  무엇이 헛것 어떤 게 실상인지…

  아,
  카오스!

커피가 당기던 조선소 겨울밤

야간 근무 중 커피가 땡긴다
성탄절 휴가 떠난 선주 감독관실 맥스웰 커피 유리병째 훔친다
커피 프리마 설탕 듬뿍 한 숟갈씩
1 : 1 : 1
우아하게 섞는데
쓰다
설탕 추가 한 숟갈
후~불어 마신다
떫은 과육 주스에서 씹히는 생 설탕 맛
커피 추가 프리마 추가…
반복에 반복을 거듭해도 황금비율 못 맞춰
감독관실 여비서한테 눈총 맞고 얻어 마신 깊고 진한 맛 없다
난로 위에 올려놓은 닷 되짜리 주전자에
남은 커피 프리마 설탕 몽땅 쏟아
야식용 컵라면에 따라온 나무젓가락으로 휘저어 짜증을 녹인다
함박눈은 펑펑 내리고
커피만 마신다

진종일 설사만

치과에서 훔친 말

　치과 베드(bed)는 수평이 반듯하지 않기도 하지만 외과수술용보다 오히려 딱딱하게 느껴져 언제나 긴장감이 크다 상체를 125도로 제친 상태에서 두개골과 임플란트(dental implant)만 하얗게 빛나는 흑백 x-ray 사진과 대면이 두려워 시선을 피해 눈높이에 억지로 맞추다 보니 자연스레 브라인더(blinder) 사이로 건너편 커피숍에 모인 그녀들을 보았다

　미남 청년이 내려 바친 아메리카노, 카페라떼, 카프치노, 비엔나커피를 각자 취향껏 음미하는 그녀들을 보면서 치위생사 언니가 인젝더(injector syringe)로 찔러준 한 모금의 리도카인(lidocaine)을 입안에 머금고 두 시간 동안 번갈아 로우(low) 하이스피드(High speed engine)윙~, 드라이버(driver) 끼익-끽, 에어(air) 석션(suction tip) 치이칙 흐어업, 바(bur) 그거가강, 치기공기계가 내뱉는 소음을 내 의지론 어쩔 수 없이 열어둔 귀로 듣곤 이미 소리에 제압당해 아무 소용없는 용을 쓰며 버둥질치다 팔다리엔 쥐가 몇 마리 내려앉았고 뻣뻣이 자존심을 세운 목덜미엔 담이

주렁주렁 얻어걸렸다 우아하게 미소 지으려던 입 꼬리가 찢겨나가는 아픔을 참아보려고 의지로 할 수 있는 눈을 닫자 이제 그녀들은 볼 수 없고 이미 베드가 170도로 눕혀진 상태라 이쪽은 단념하고 상상의 나래를 펴 그쪽으로 날아갔다

 소음 없는 그곳은 무드음악이 흘러 평화롭다 난 소음에 억압당했는데 그녀들은 커피 향에 적신 언어를 건져 나누고 한바탕 웃음의 소용돌이 속에 말려든다 같은 하늘 아래 겨우 길 하나 사이를 두고 공간이 다르다고 처지마저 이토록 다를까 내가 낼 수 있는 언어는 마우스개그(mouth gag)가 강제로 벌린 입에서 새나온 짧은 외마디 아-아~~로 한정되지만 그녀들은 어떤 말이라도 거침없고 자유롭다

 가글(gargle)이 허용되는 짧고 귀중한 시간 다시 시선을 기울였다 재력에 따라 시부모의 평가가 절상절하되는 논술, 집 안에선 오빠지만 바깥나들이 땐 아저씨로 족보가 바뀌는 남편에 대한 애정 어린 투정, 천재에

영재를 보탠 신동으로 키워낸 자식 자랑으로 공감과 화합을 이룬 그녀들 말틈을 훔쳐 거슬리는 신경 웅크린 긴장 간헐적으로 밀려오는 통증을 이겨냈다

  포셉(Forcep)이 뽑아낸 빨간 피 묻은 어금니를 남기고 빈손으로 치과를 나서지만 그녀들은 금빛 찬란한 반지 낀 손가락을 들어 마신 사발만 한 머그잔에 립스틱 자국을 빨갛게 남기고 커피숍을 떠날지 안 떠날지 자신들조차 아직 모른다

헛것

태초에 이브가 뱀의 홀림으로
사과를 베어 먹는 순간 고뇌는 시작이다
생명체 종족보존 방법은 홀림이다
여자는 남자를, 수컷은 암컷을 홀린다
헛꽃은 인조 속눈썹 붙이고 코티 분칠해 벌 나비를 삐끼 한다
살아 있음이 아름다운 건 간절하게 원하는 자의 몫이기에
참꽃처럼 은밀히 수정하고 이내 시들지 않으려고 악을 써 버텨보지만
인간은 어차피 홀림의 역할이 끝나면 왔던 자리로 돌아가야 하는 빛바랜
헛꽃!

극즉통 極卽通

 무릎까지 찬 물 뿜어내지 못해 앉으면 일어설 수 없는 앉은뱅이痛
 노동에 팔아먹은 어깨 대못 박은 십자가형痛
 등허리 각角 떠 구석구석 팽겨 친 상실痛
 성욕처럼 얄궂은 시간 전신에 찾아오는 새벽痛
 생체실험실 독가스같이 구석구석 뼈마디 마디 스며든 틈새痛

 피해 달아나지 못해 생살 열고 얻는 침통 針痛
 사자 발 쑥 연기에 훈제된 뜸통
 강제흡혈 당한 부항통 附缸痛

 생의 순간이 痛이지만
 痛마저도 通한 사람만 누릴 수 있다는 일맥상통 一脈相通
 痛 즉 快
 통쾌!